金大鹏藏书票

金大鹏 著

上海科学技术文献出版社
Shanghai Scientific and Technological Literature Press

图书在版编目（CIP）数据

金大鹏藏书票 / 金大鹏著 . —上海：上海科学技术文献出版社，2021
ISBN 978-7-5439-8391-5

Ⅰ.①金… Ⅱ.①金… Ⅲ.①藏书票—中国—图集 Ⅳ.① G894-64

中国版本图书馆 CIP 数据核字（2021）第 142649 号

选题策划：张　树
责任编辑：苏密娅　栾　鑫
封面设计：合育文化

金大鹏藏书票
JINDAPENG CANGSHUPIAO
金大鹏　著
出版发行：上海科学技术文献出版社
地　　址：上海市长乐路 746 号
邮政编码：200040
经　　销：全国新华书店
印　　刷：上海新开宝商务印刷有限公司
开　　本：889mm×1194mm　1/32
印　　张：5.875
版　　次：2021 年 8 月第 1 版　2021 年 8 月第 1 次印刷
书　　号：ISBN 978-7-5439-8391-5
定　　价：138.00 元

http://www.sstlp.com

主编的话

藏书票是随着西方活字印本图书的产生与收藏而出现的微型艺术品，广泛应用于王室、教会、大学、图书馆等机构与个人的藏书上。藏书票自诞生后五百多年来，栖居书中，与书日夜厮守，亲密无间，是藏书者忠实的护书精灵，受到了众多艺术家的垂青和爱书人的宠爱。藏书票不因其小而微不足道，它从形式到内涵，方寸之间无不焕发着中西文化的缤纷映影。

藏书票作为艺术品，技法丰富多样，现已成为国际性的绘画创作对象，我们可据此析微察异，欣赏不同技巧、制作与色彩的精微之处，观察书间精灵多姿的身影。

藏书票作为收藏品，画面千秋纷呈，现已进入世界性的艺术收藏行列，我们能从中显微阐幽，品味各种题材、内涵与图案的微妙之趣，凝视书间精灵可爱的笑容。

"书香艺趣丛书"中的藏书票均是上海图书馆中国文化名人手稿馆收藏的艺术家捐赠品。这些作品的作者老少咸集，各擅其长；画面风采旖旎，各有寓意；票主名贤汇聚，各旌其表……从中可管窥上海图书馆藏书票的收藏。

让我们打开书本，在书香中寻觅艺术之趣，与书间的这些"小精灵"一起读书、爱书、藏书吧。

黄显功

2021年4月23日

我的绘画之路

"爱他,让他去绘画;恨他,让他去绘画。"

我父亲是中学里教语文和历史的老师,平时他喜欢绘画、拉小提琴、踢足球,还会说英语。那个时代,像我父亲这样的人不多,有志无时,他只能把自己的文艺梦寄托在孩子们的身上。

我是家里最小的孩子,记得我小的时候,家里墙上的画框线是一条彩色的热带鱼的花边,当我躺在床上,总能看见那条花边,想象着那些游来游去的热带鱼。

我读小学时,美术课全是满分;中学时,我是学校美术小组组长。我梦想着以后能走上绘画专业的道路。到我十七岁时,书不能读了,只能去上海市宝山县插队落户了。

在农村插队期间,公社干部见我会绘画,让我担任了公社美术组组长。两年后,公社成立电影放映队,我被调去放映队,专门为农村放电影,兼画幻灯片做宣传工作。

农村的生活是艰苦的,但我没有放弃理想。和我一起插队的一位喜欢拉小提琴的"插兄",他对我说:"什么时候,我能去中央音乐学院学习,那有多好啊!"而我心里却想:只要有一个能画画的地方我就满足了。于是我常常去当地的电影院，义务为他们画电影海报，圆我的绘画梦。

不久，部队来公社招兵，他们看了我的画后，决定招我去师部放映电影和搞宣传。公社党委为此事召开了两次会议，最后决定："这个人我们要用，不放！"

第二年，我报考了上海戏剧学院舞美系，因为我哥哥也在那里上学。当时，招生的老师对我哥哥说："开学后，你可以和你的弟弟一起背着书包来上学了。"哥哥告诉我这个喜讯后，我兴奋地等待着。可左等右等都没有等来入学通知书，直到开学了还是没有等到。于是，我就去打听，一打听才知道，这样有名气的大学，一个省才招几名。我因家庭原因，不能两个孩子都上大学，而且都是上海戏剧学院。知道原委后，我心里非常难过，饭也吃不香，觉也睡不着，连续几个晚上失眠。

下一年，浙江美术学院（今中国美术学院）来上海招生了，我得到消息后，马上去报名。尽管，我插队的县只有一个名额，但我还是想去试试。

当我考完试后，公社党委派人找我谈话："你去报考了大学，我们党委是不知道这件事情的。同时，我们已经批评了负责知识青年的同志了。但你已经考了，如果考上了，我们还是欢送你去，如果没考上，希望你安心在这里工作，以后不要再去考了。"我听了，顿时心里凉了半截，不由地仰天一叹：天啊！如果，我这一次考不上，那就一辈子待在这里了！

也许，我的诚意感动了上天，命运之神终于眷顾了我。当我手握入学通知书时，内心悲喜交加。回想起我在农村的艰苦岁月，无论在田里做得有多累，回到住处，都会拿起画笔坚持画到半夜。有时候，累得眼皮都睁不开了，我就靠毅力坚持画画。

天道酬勤，功夫不负有心人，我终于踏上了求学之路。全家人也为之高兴，父亲是最高兴的了，他多年付出的心血终于在我的身上得以回报。

转眼春天来了，春暖花开，母亲和哥哥陪我去学校报到，顺便游玩了杭州西湖，释放了我们一家人多年来的压力。

我们版画班一共只有七个同学，来自全国各地，大家都珍惜这份来之不易的学习机会，都想把失去的时间追回来。很多同学在杭州读了几年书，却没有在杭州玩过一次。

我的老师，他们无私地教导着我们，把我们当成自己的孩子一样关心，常常使我感动。我们都朝着一个方向，努力学习。回想起那段学习时光，我们是那样的充实而简单，艰苦又快乐。

毕业后，我满怀雄心，准备在绘画上大干一场，却没有想到，我被分配到上海的一家包装研究所。这不是我理想的职业，心里有说不出的委屈。更令人气愤的是，我去报到时，因专业不对口被单位推了出来。这就像一盆冷水向我浇来，让我从头凉到脚，不由地让我伤心。我学的专业不但不能对口，连找一份和画沾边的工作都难。后来，我去了印刷厂，从事糖果纸包装设计，暂时干着一份勉强能发挥专业所长的工作。那时候，我非常的痛苦，几次想辞掉工作去浪迹天涯。

一晃，十年过去了，境况好转，我有了两个机会：一个是去大学做老师，大学老师受人尊敬，工作稳定，那是我过去梦寐以求的生活。另一个，是去刚进入中国的国际广告公司。这是我人生的十字路口，何去何从？那时我国刚改革开放，了解国外、和世界接轨的想法吸引了我。最后决定——去学习国际先进的理念和广告艺术。于是，我辞掉了原来的工作，去了广告公司。

通过一段时间的学习，我从底层美工做到公司创意部负责人，同时也学到了很多新的理念，开阔了视野，它给我打开了另一扇窗。我曾多次在国际上获奖，第一次获得的国际大奖也是我国第一次在国际上获得广告大奖，中央电视台还派人来上海为我拍了专题片《广告人金大鹏》，在一套（CCTV-1）进行报道，国外的专业画册也刊登了。

尽管我在广告上有了一点成绩，但我还是念念不忘我的绘画专业。2013年，因组织我母校版画系创始人张漾兮先生诞辰100周年上海画展，我从版画系校友、华东师范大学教授张嵩祖老师那里了解了藏书票的情况，就义无反顾地进入了设计藏书票的领域。

这时，我有两个身份，一个是画家，一个是设计师。在做藏书票的过程中，我明显地感到在广告公司的经历对我做藏书票有非常大的帮助，尤其在作品的创意、构图、装饰性、美术字等方面，我处理起来感到轻松自如。

我在创作藏书票时，习惯比较多的考虑作品的趣味性，也喜欢尝试各种新的材料。平时，我有灵感了就习惯在本子上乱画，记下我的想法，不成熟时就会放很长一段时间，一直到想法完善。有时，不能完善也会彻底放弃。我对自己说：如果你的想法不能打动自己，怎么能打动别人呢？我的作品是通过外部的物体来诠释我内心对世界的看法。

设计藏书票是一件清苦的工作。有一次，我哥见我在做藏书票，就对我说："藏书票是个小众艺术品，还是跟我去画油画吧！"可是我从心底里真的喜欢藏书票。任何艺术都有它自己的语言，我就是喜欢藏书票的语言，它更有想象力、更自由也更好玩，画虽小，但灵魂都一样。我在做藏书票时没有任何杂念，做藏书票是一种享受。

我的作品没有能改变人们世界观的功能，也不想改变人们的生活方式，如果它能给你带来会心的一笑，那是我希望的。

我曾经为了工作，无奈地放弃了绘画。现在深深体会到：做自己喜欢的事，是一件多么幸福的事啊！绘画就是我的生活，小时候给我兴趣，中学时给我荣誉，插队时给我希望，工作时解决我的生计，现在，它给我充实的生活和快乐。

我的绘画之路充满坎坷，它让我欢喜，让我忧，也让我品尝了上天入地的感觉，但我还是乐意去走这条路，一直到老！

在此，我深深怀念我的父亲，他不但给予了我生命，还赐予我绘画的灵感，相信，父亲的在天之灵，也会为我走的这条路而高兴。

1979年和古元合影,后排右二为作者。

广采博收　厚积薄发

——观金大鹏的藏书票有感

　　从微信上收到大鹏发来的藏书票颇感意外，原因是他自中国美术学院版画系毕业后，一直从事广告设计方面的工作，他所经营的广告公司从白手起家到目前的颇具规模，需要投入大量的时间和精力。在他个人的创意设计成就方面，也获得过美国广告杂志创意大奖和纽约广告艺术节银质奖，中央电视台一套（CCTV-1）为此曾制作了《广告人金大鹏》的专题节目面向全国播放。

　　但从一个自小就热爱美术，在小学、中学的美术课上向来都拿5分的好学生；在农村插队落户期间，每天下工回来，不管再苦再累都要挑灯画到深夜的有为青年；由于自己的努力考入中国美术学院版画系，从而遂了他的心愿，得以如饥似渴地刻苦学习，最后以优异成绩毕业的版画专业人才来说，绝不会满足已经取得的成就，不会轻易放弃自小对美术的钟爱和对版画专业的热爱，所以他在经营公司繁忙事务之余，忙里偷闲中创作了不少版画，一些作品还被上海刘海粟美术馆和联合国有关机构收藏。

　　大鹏近期的木刻藏书票新作，是他融合多年的装饰设计和版画创作的实践，是广采博收、厚积薄发的结晶，他的藏书票作品最可贵之处，就是不去重复惯常的套路，无论取材还是画面设计都有自己的发现和创造，总括起来有如下一些艺术特色：

1. 取材鲜活，关注现实生活中的凡人常事：如盘腿打坐做着瑜伽的女子；用文件夹阻挡刺目日光匆忙上班的白领；下班归家，脱在地上沉重的旧皮靴等，都成为他取材描绘的对象，具有浓厚的生活意趣。

2. 视野开阔，取材宽泛：他的书票内容不光有国内的，也涵盖国外的现代生活，如奔跑中的《刀锋战士》，回归自然的《母与子》等。特别是《刀锋战士》一幅，文图组合得非常好，文字的排列增强了前冲的动势。

3. 善用装饰手法，巧妙营造新景：装饰变形等手法的合理运用，常会使现实生活中本不引人注意的物件突然醒目起来，产生一种新的意趣。他的一幅放在斜纹衬布前的玻璃杯，由于巧妙地运用装饰手法，使杯中水体因折射而形成线纹的奇幻变化，营造了一种意想不到的妙境。他在其他一些藏书票作品中的别致的构成、文图的有机契合等方面都体现出他在装饰技能上的优势。

4. 广采博收，厚积薄发：藏书票幅面虽然不大，但"麻雀虽小，五脏俱全"，绘画中的各种要素一样也不可少，齐备这样的能力，方能得心应手地不断创造和突破。综观他藏书票中的人物动态、神态、人体造型，虽用刀简约，却入木三分，正确生动；他的书票上的黑白处理，虽概括，却得体；在画面构成上，虽轻松，又严密，这就是他长期勤学苦练、厚积薄发的结果。

艺贵坚持，希大鹏在藏书票这一领域中不断开拓创新，取得更新更美的艺术成果。

俞启慧
中国美术学院版画系教授
2015年5月1日

方寸之美

微信上又收到了大鹏发来的一批版画藏书票新作，印象中前后加起来已有一百多件，很感动他对藏书票的创作热情，更为他勤奋拓展藏书票艺术"点赞"。

和大鹏相识是在中国美术学院上海校友会的集会上，他是秘书长，给大家汇报为纪念中国美院建院八十周年筹办上海校友会作品展情况，随后在上海虹桥当代艺术馆隆重展出，校友人手一册《永远的记忆》画集，共温往事，场面感人。画展的成功使我对金大鹏的工作和组织能力印象深刻。后来，从老同学俞启慧教授那里知道大鹏是他的学生，有很扎实的版画功底，毕业后自建公司，从事广告创意设计，获得过美国广告杂志创意大奖和纽约广告艺术节银质奖，中央电视台一套（CCTV-1）以他为题拍了《广告人金大鹏》。老同学的介绍让我对他有版画同窗的亲切感。

和大鹏合作共事是参加上海会展中心策划的"印刷与藏书票三人展"的活动。大会要求我俩和版画家邵黎阳先生各选送三十件藏书票代表作联合展出，尽管大鹏的广告业务繁忙，但三个月后他还是按规定送上了三十件精美展品，得到展出单位的好评。我和黎阳算是年长者，为此他包揽了所有布展的杂务，从展出接待观众、演示印刷技法到作品销售，他都充满热情，态度真诚，被大会特聘为下一届策划组织者。会展后他仍然专心投入藏书票的创作中，没想到短短的一段时间里他就送来了《金大鹏藏书票》画册给我，画面又有了新的探索和追求，特别是《百年巨匠》的人物肖像藏书票，表达了对大师的的崇敬与赞颂，展现了家国情怀。

金大鹏藏书票创作有自己的艺术特点：

1. 实现了藏书票创作与艺术品营销的完美结合。大鹏不仅是藏书票艺术品的制作者，又是创、画、刻、印、售等业务全面发展的经营者；他刻制了大量题材多样风格各异的通用藏书票供爱好者选购，同样他花更多精力用来和收藏者深层次交流。为此，创办了藏书票收藏家俱乐部活动，和爱好者研讨"藏者有意，刻者达意"的互动关系，参与者中有医生、律师、企业家以及外籍友人。这是藏书票与商业结合的双赢，更是提高藏书票内涵的重要途径。

2. 展现了藏书票创作与广告创意的优势互补。他从事广告创意多年，视野宽阔，经验丰富，将广告设计的概括手法和版画黑白的概括处理融会贯通，使画面主题突出，形象生动，给人一目了然、亲切温馨的视觉美。

版画藏书票是艺术品，它充满诗情画意、令人神往，衷心祝愿大鹏的藏书票创作给广大爱好者带来更多美丽神奇的方寸之美。

张嵩祖

华东师范大学教授
2019年6月16日

金大鹏艺术年表

1955年生于上海，1980年毕业于中国美术学院（原浙江美术学院）版画系。现任中国美术学院上海校友会副会长兼秘书长、中华文化促进会社会艺术上海中心副主任。

曾获美国CREATIVITY杂志创意大奖、美国"THE NEW YORK FESTIVALS"纽约广告艺术节银质奖。

曾为联合国"爱抱抱计划"制作藏书票，并获得联合国颁发"慈善大使"证书。曾为德国前总统武尔夫、屠呦呦、朱明瑛、尚长荣、辛丽丽、陈佩秋、高式熊等国内外名人制作藏书票。

作品被匈牙利上海总领事馆、上海市图书馆、澳大利亚墨尔本维多利亚州立图书馆、浙江美术馆、金陵图书馆、复旦大学图书馆、同济大学德文图书馆、杨浦区图书馆等机构收藏。

1980年　中国美术学院（原浙江美术学院）版画系毕业
1985年　上海爱桥肢残者福利中心成立，参加"三月"青年版画义展
1992年　获CREATIVITY杂志创意大奖（美国）
　　　　获"THE NEW YORK FESTIVALS"纽约广告艺术节银质奖（美国）

1993年　中央电视台一套（CCTV-1）《12演播室》专题片《广告人金大鹏》

2009年　"中国美术学院上海校友在校期间习作展"（上海刘海粟美术馆）

2013年　"路漫漫其修远兮"纪念张漾兮先生诞辰100周年版画展（上海奥赛画廊）

2014年　中国美院上海校友国画、油画、版画展［上海虹桥当代艺术中心（今上海虹桥当代艺术馆）］

2015年　"纸上艺术"张嵩祖、邵黎阳、金大鹏3人藏书票展［国家会展中心（上海）］

"广采博收　厚积薄发"金大鹏藏书票展［上海虹桥当代艺术中心（今上海虹桥当代艺术馆）］

"薪火再传——中国美术学院上海校友会邀请展"［上海昌硕艺术中心（今上海昌硕文化中心）］

2016年　"金大鹏藏书票展"［上海虹桥当代艺术中心（今上海虹桥当代艺术馆）］

"从上海到莫干山"金大鹏藏书票展（浙江德清莫干山陆放版画藏书票馆）

"纸上艺术"金大鹏、［美］克里斯多夫·肖尔二人版画展［国家会展中心（上海）］

"春华秋实　勃勃生机——中国美术学院上海校友会邀请展"［上海昌硕艺术中心（今上海昌硕文化中心）］

2017年　"陆家嘴'梅园杯'上海藏书票邀请展"（上海陆家嘴美术馆）

获"陆家嘴'梅园杯'上海藏书票邀请展"作品三等奖

"纸上艺术"金大鹏、张翔二人藏书票展（上海韩天衡美术馆）

"藏书票的前世今生"讲座(上海中华艺术宫)

2018年　作品《秋刀鱼》入选第37届世界藏书票大赛(捷克)

"陆家嘴'梅园杯'上海国际藏书票邀请展"(上海陆家嘴美术馆)

"云中漫步"金大鹏藏书票(上海陆家嘴美术馆)

"中国藏书票名家精品展"(江苏南京金陵图书馆)

"纸上宝石"金大鹏藏书票展(上海梅陇文化馆)

"藏书票里看世界"金大鹏藏书票展(上海同济大学德文图书馆)

"冬来迎春　尽享自然——中国美术学院上海校友会作品展"[上海昌硕艺术中心(今上海昌硕文化中心)]

2019年　作品《毕加索》入选第九届西班牙世界藏书票双年展(加泰罗尼亚大区)

"金大鹏藏书票展"(上海大众书局古美店)

"陆家嘴'梅园杯'上海藏书票邀请展"(上海陆家嘴美术馆)

"纸上宝石"金大鹏藏书票展(上海图书馆)

2020年　作品《年年有鱼》《江南女子》入选第38届世界藏书票大赛(伦敦)

"金大鹏藏书票展"(上海崇明千帆堂美育中心)

"向传统致敬·中国水印藏书票特展"(上海复旦大学图书馆)

目　录

主编的话　　　　　　　　　　　　　　1

我的绘画之路　　　　　　　　　　　　1

广采博收　厚积薄发——观金大鹏的藏书票有感　　1

方寸之美　　　　　　　　　　　　　　1

金大鹏艺术年表　　　　　　　　　　　1

藏书票

　　玫瑰玫瑰我爱你　　　　　　　　3
　　外滩的天空　　　　　　　　　　4
　　陆家嘴的早晨　　　　　　　　　5
　　海（韦央）　　　　　　　　　　6
　　陆（黎阳）　　　　　　　　　　7
　　空（维利）　　　　　　　　　　8
　　自我放飞　　　　　　　　　　　9
　　提梁壶（唐家生）　　　　　　　10
　　另眼看世界　　　　　　　　　　11
　　宝葫芦　　　　　　　　　　　　12
　　喜上枝头　　　　　　　　　　　13
　　美人鱼（海华）　　　　　　　　14
　　读书女（姚岚）　　　　　　　　15
　　美人鱼读书（伊丽莎白）　　　　16

书　痴	17
秋	18
武汉加油	19
秋刀鱼	20
金色的鱼	21
潜　伏	22
彩　鱼	23
斑　马	24
原始艺术（子　安）	25
红蓝配	26
海洋世界	27
龙　鱼（顺　龙）	28
水　鸟（新　立）	29
牛　年	30
一茶一书一知己	31
热瓦甫	32
手　鼓	33
悟	34
刀锋战士	35
吉他女孩（韩　晶）	36
怡　心	37
旧　鞋	38
红　女	39
甲骨文	40
宇航员（显　功）	41
日　落	42
吃茶去	43
作　业（松　岩）	44
陶　罐（金　子）	45
古　董（国博斋）	46

祭　司	47
瓷　碎	48
江南女子（鸣　亭）	49
百年巨匠·石　鲁	50
百年巨匠·巴　金	51
百年巨匠·潘天寿	52
百年巨匠·李可染	53
百年巨匠·林风眠	54
百年巨匠·蒋兆和	55
百年巨匠·刘海粟	56
百年巨匠·赵朴初	57
百年巨匠·吴冠中	58
百年巨匠·齐白石	59
百年巨匠·黄宾虹	60
百年巨匠·张大千	61
百年巨匠·傅抱石	62
百年巨匠·黄　胄	63
百年巨匠·吴作人	64
百年巨匠·鲁　迅	65
百年巨匠·徐悲鸿	66
百年巨匠·李苦禅	67
人　物·毕加索	68
自画像·毕加索	69
立体派·毕加索	70
京　剧（尚长荣）	71
罐　舞（明　瑛）	72
舞　者（辛丽丽）	73
艺　术（昌　勇）	74
男女书（黎　荣）	75
青花瓷（建　榕）	76

纪念邬达克	77
武康大楼	78
国际饭店	79
象形文字·鱼	80
象形文字·鸟	81
董小姐客堂间	82
鳄鱼与花	83
老子（五岭庐主）	84
陆家嘴的历史（陆家嘴藏书票美术馆）	85
纪念上海申花获得2017年足协杯冠军	86
脸谱（建　榕）	87
昆剧之一（小　燕）	88
昆剧之二（史　进）	89
卷　毛	90
示　好	91
卧　佛（阿　磊）	92
金　佛	93
敦煌佛像	94
方　丈（戒　忍）	95
挤奶女	96
高原一家	97
逛新城	98
读书美	99
读书魅	100
杨浦图书馆·主　楼	101
杨浦图书馆·孔雀门	102
杨浦图书馆·蔡元培	103
杨浦图书馆·董大酉	104
德国前总统·武尔夫	105
美国前总统·奥巴马	106

澳大利亚前总理・陆克文	107
英国前首相・卡梅伦	108
法国前总理・拉法兰	109
好莱坞导演・巴里莫罗	110
诺贝尔奖获得者・屠呦呦	111
书法家・高式熊	112
纪念南怀瑾诞辰100周年	113
画家・陈佩秋	114
纪念曹大铁诞辰100周年	115
茶圣・张天福	116
画家・陈家泠	117
画家・樊德才	118
纪念张乐平	119
纪念柯灵	120
指挥家（曹鹏）	121
读书与工具	122
海边度假	123
百年陆家嘴之一	124
百年陆家嘴之二	125
门　神	126
母与子（弗兰克）	127
狗年吉祥之一	128
狗年吉祥之二	129
惠安女	130
年年有鱼（彼得・福特）	131
爱抱抱活动	132
世界读书日之一	133
世界读书日之二	134
世界读书日之三（铁　军）	135
世界读书日之四（郭　建）	136

世界读书日之五（飞　德）	137
世界读书日之六（荫　贵）	138
世界读书日之七（马　军）	139
世界读书日之八（新　生）	140
画像砖（金　龙）	141
邯郸学步	142
杞人忧天	143
东施效颦	144
刻舟求剑	145
亡羊补牢	146
半途而废	147
上海石库门（佐　良）	148
金　石（徐　兵）	149
乔治·斯坦纳	150
工业机器（胡　军）	151
裸　女	152
新疆舞（妮　娜）	153
水中鱼	154
蓝色地球（洪　元）	155
面具（朱莉莉）	156
躯　干	157
猫　女	158
书香雅仕（明　辉）	159
春江花月夜（韩　晶）	160
群　山	161
上班路上	162

藏书票

金大鹏

玫瑰玫瑰我爱你 | 8cm×5.5cm | CAG | 2014

外滩的天空 | 10cm×10cm | X6 | 2017

陆家嘴的早晨 | 10cm×10cm | X6 | 2017

海（韦央） | 10cm×5cm | X3 | 2019

金大鹏藏书票

陆（黎阳） | 10cm×5cm | X3 | 2019

空（维利） | 10cm×5cm | X3 | 2019

金大鹏藏书票

自我放飞 | 9.5cm×12cm | X3-2 | 2019

提梁壶（唐家生） | 10cm×10cm | X3-3 | 2017

另眼看世界 | 9cm×9cm | X6 | 2018

宝葫芦 | 5.5cm×3.5cm | X6 | 2016

喜上枝头 | 10cm×10cm | X6 | 2016

美人鱼（海华） | 10cm×10cm | X6 | 2016

金大鹏藏书票

读书女(姚岚) | 10cm×7cm | X6 | 2016

美人鱼读书（伊丽莎白） | 8cm×10cm | X3 | 2019

金大鹏藏书票

书痴 | 10cm×10cm | X6 | 2017

秋 | 11.5cm×6.5cm | X3 | 2019

金大鹏藏书票

武汉加油 | 9cm×6.5cm | X3 | 2020

秋刀鱼 | 9cm×9cm | X6 | 2017

金大鹏藏书票

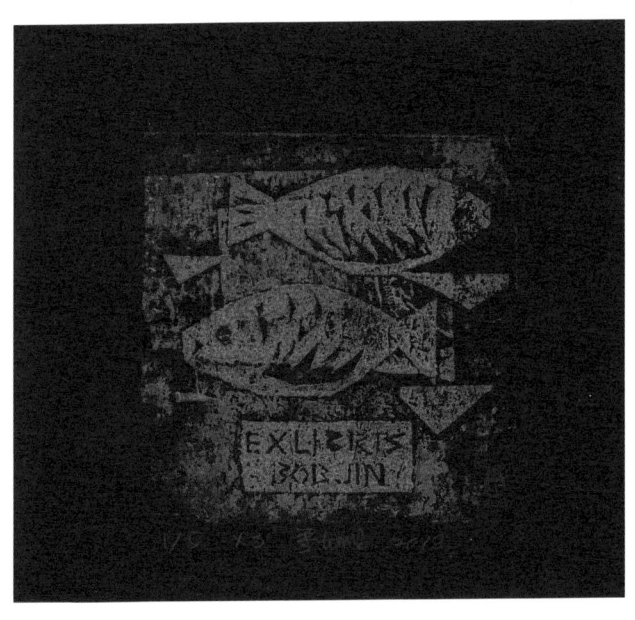

金色的鱼 | 10cm×10cm | X3 | 2018

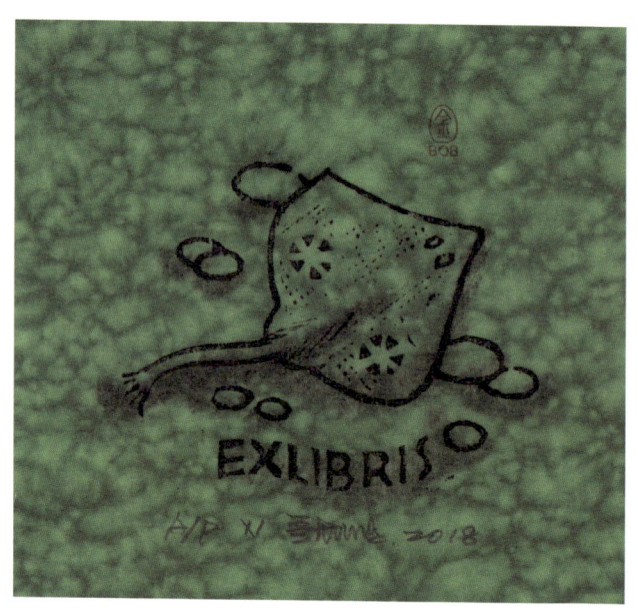

潜伏 | 7cm×9cm | X1-2 | 2018

金大鹏藏书票

彩鱼 | 10cm×10cm | X3-2 | 2019

斑马 | 9cm×10cm | X6 | 2017

原始艺术（子安） | 12cm×10cm | X6 | 2017

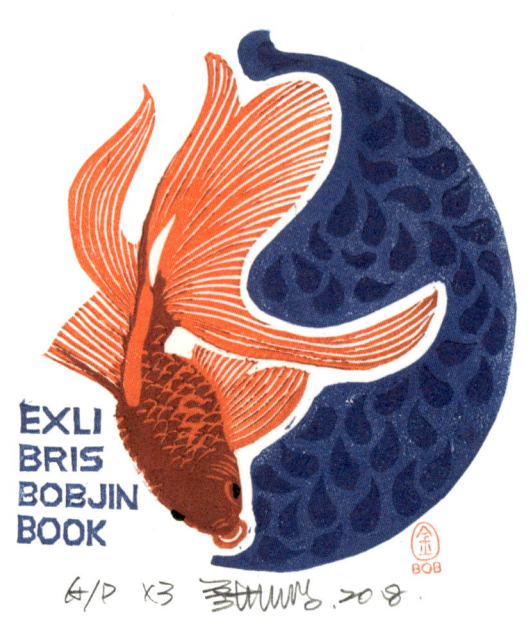

红蓝配 | 10cm×10cm | X3-4 | 2018

海洋世界 | 11cm×11cm | X6 | 2017

龙鱼（顺龙） | 5.5cm×10cm | X6 | 2017

金大鹏藏书票

水鸟（新立） | 10cm×10cm | X6 | 2017

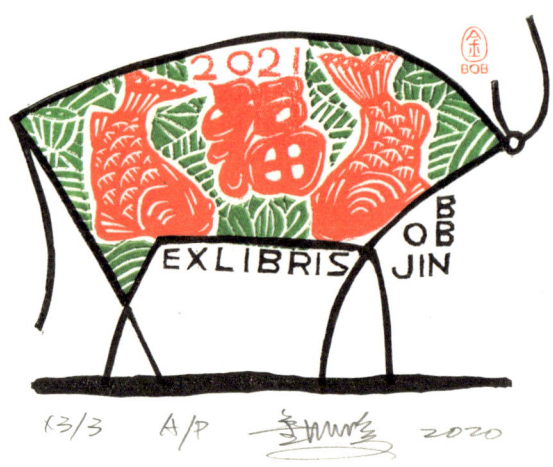

牛年 | 8cm×11cm | X3-3 | 2020

一茶一书一知己 | 13cm×3cm | X6 | 2018

热瓦甫 | 12cm×10cm | X6 | 2017

手鼓 | 12cm×10cm | X6 | 2017

悟 | 10cm×10cm | X6 | 2016

金大鹏藏书票

刀锋战士 | 8cm×10cm | X3 | 2015

吉他女孩（韩晶） | 12.5cm×4.5cm | X6 | 2017

金大鹏藏书票

怡心 | 11.5cm×8cm | C4 | 2015

旧鞋 | 10cm×8cm | X3 | 2015

金大鹏藏书票

红女 | 8cm×5.5cm | X3-S2 | 2016

甲骨文 | 10.5cm×7cm | X6 | 2014

金大鹏藏书票

宇航员（显功） | 10cm×12cm | X3-3 | 2018

日落 | 10cm×10cm | X3 | 2015

吃茶去 | 10cm×10cm | X1 | 2018

作业（松岩） | 7.5cm×8cm | X3-2 | 2016

陶罐（金子） | 7.5cm×7cm | X3-2 | 2016

古董（国博斋） | 10cm×9cm | X6 | 2016

金大鹏藏书票

祭司 | 10cm×9cm | X6 | 2017

瓷碎 | 11.5cm×8.5cm | X3-2 | 2018

金大鹏藏书票

江南女子（鸣亭） | 9cm×9cm | X3-3 | 2019

百年巨匠·石鲁 | 10cm×5cm | X3 | 2019

金大鹏藏书票

百年巨匠·巴金 | 7cm×8cm | X6 | 2016

百年巨匠·潘天寿 | 8.5cm×8.5cm | X3 | 2018

金大鹏藏书票

百年巨匠·李可染 | 12.5cm×9cm | X3-3 | 2018

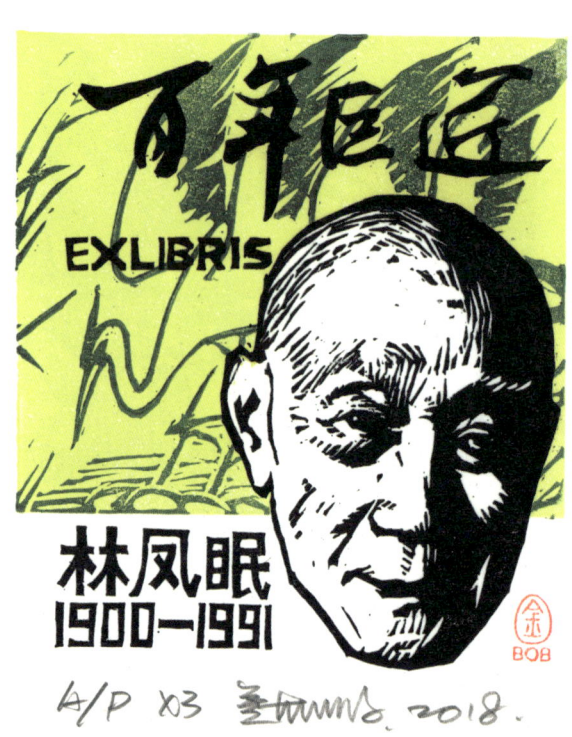

百年巨匠·林风眠 | 9.5cm×8.5cm | X3-3 | 2018

金大鹏藏书票

百年巨匠·蒋兆和 | 10cm×11cm | X3-2 | 2019

百年巨匠·刘海粟 | 8.5cm×9cm | X6 | 2017

金大鹏藏书票

百年巨匠·赵朴初 | 8cm×8.5cm | X6 | 2017

百年巨匠·吴冠中 | 11cm×12cm | X6 | 2017

百年巨匠·齐白石 | 7.5cm×9.5cm | X3-2 | 2018

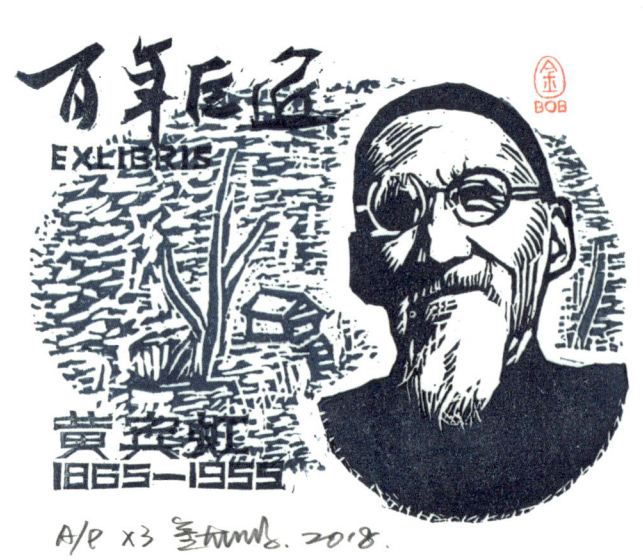

百年巨匠·黄宾虹 | 8cm×11cm | X3-2 | 2018

百年巨匠·张大千 | 9cm×9.5cm | X3-2 | 2018

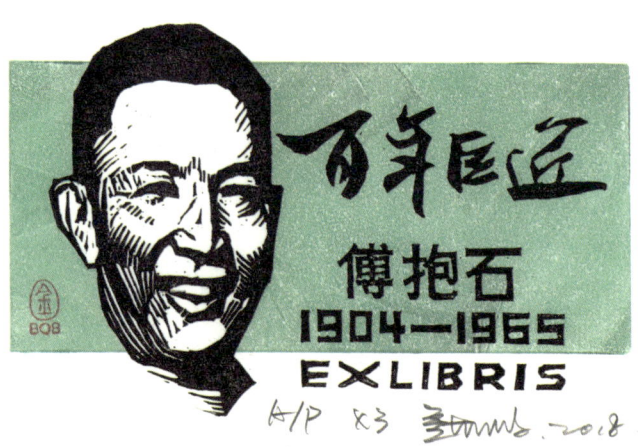

百年巨匠·傅抱石 | 7cm×12cm | X3-2 | 2018

百年巨匠·黄胄 | 6.5cm×10.5cm | X3-2 | 2018

百年巨匠·吴作人 | 11.5cm×8cm | X3-2 | 2019

金大鹏藏书票

百年巨匠·鲁迅 | 8cm×9.5cm | X6 | 2016

百年巨匠·徐悲鸿 | 10cm×10cm | X3 | 2019

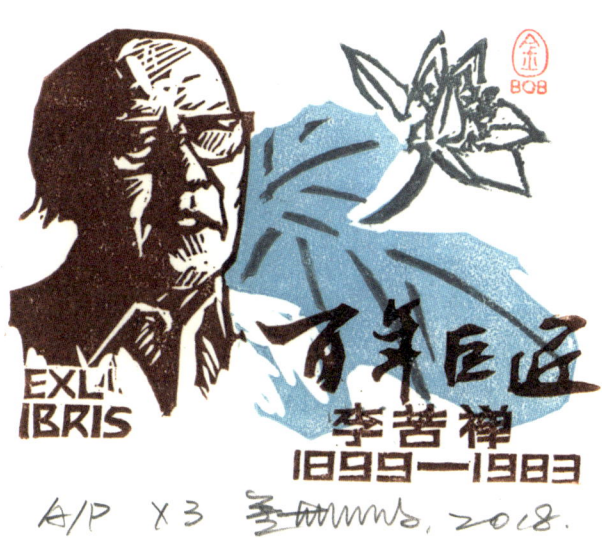

百年巨匠·李苦禅 | 7cm×9.5cm | X3-3 | 2018

人物·毕加索 | 10cm×7.5cm | X3-2 | 2019

金大鹏藏书票

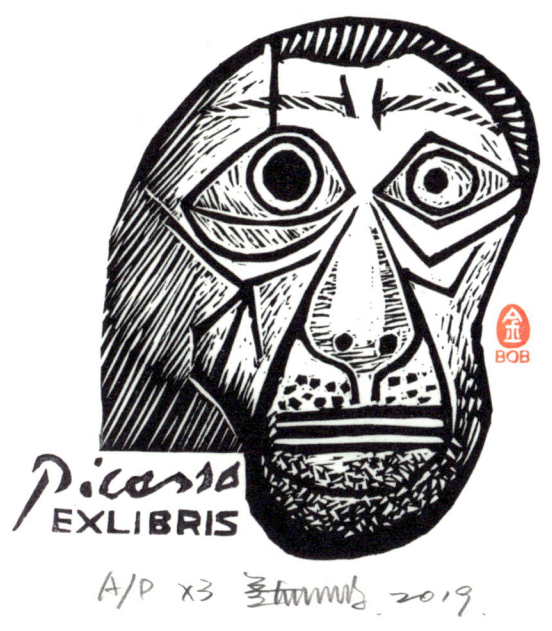

自画像·毕加索 | 9cm×9cm | X3-2 | 2019

立体派·毕加索 | 10cm×8cm | X3-2 | 2019

京剧（尚长荣） | 10cm×10cm | X6 | 2017

罐舞（明瑛） | 10cm×10cm | X6 | 2017

舞者（辛丽丽） | 9.5cm×10cm | X6 | 2017

艺术（昌勇） | 10cm×10cm | X6 | 2017

金大鹏藏书票

男女书（黎荣） | 10cm×9cm | X6 | 2017

青花瓷（建榕） | 10cm×10cm | X6 | 2016

纪念邬达克 | 11cm×8cm | X6 | 2017

武康大楼 | 11cm×8cm | X3-2 | 2019

国际饭店 | 11cm×8cm | X3-2 | 2019

象形文字·鱼 | 11cm×6cm | X6 | 2017

金大鹏藏书票

象形文字·鸟 | 11cm×6cm | X6 | 2017

董小姐客堂间 | 12.5cm×7cm | X3 | 2019

鳄鱼与花 | 9cm×12cm | X6 | 2017

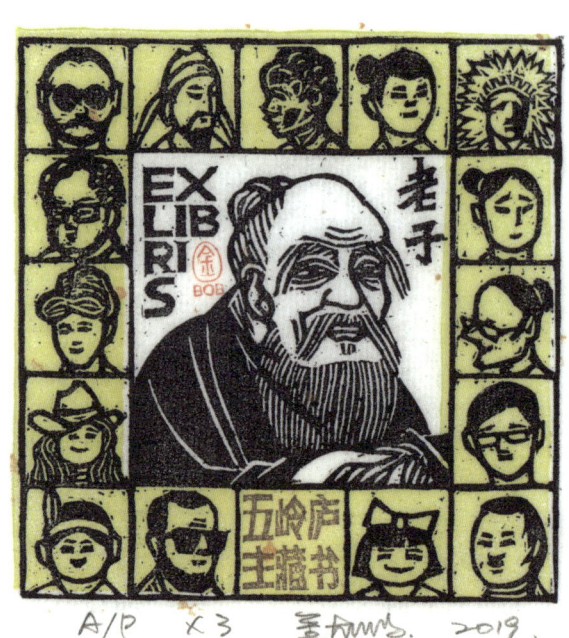

老子（五岭庐主） | 10cm×10cm | X3-3 | 2019

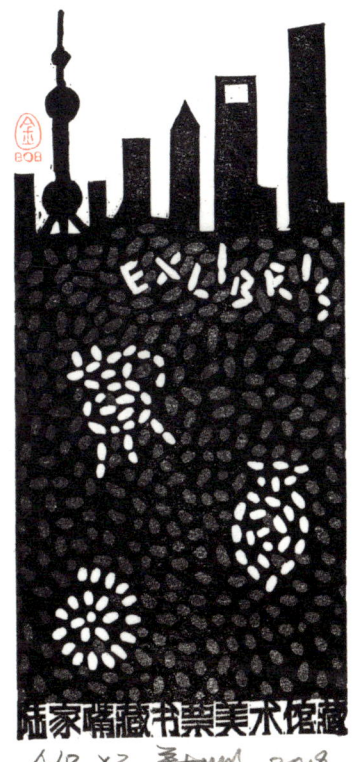

陆家嘴的历史（陆家嘴藏书票美术馆） | 14.5cm×7cm | X3-2 | 2019

纪念上海申花获得 2017 年足协杯冠军 | 10cm×10cm | X6 | 2017

金大鹏藏书票

脸谱（建榕） | 10.5cm×3cm | X6 | 2017

昆剧之一（小燕） | 8cm×6.5cm | X3-4 | 2019

昆剧之二（史进） | 10cm×9cm | X3-4 | 2017

卷毛 | 8cm×8cm | C3 | 2018

金大鹏藏书票

示好 | 8.5cm×11cm | X6 | 2018

卧佛（阿磊） | 5.5cm×10.5cm | X6 | 2017

金佛 | 10cm×10cm | X3 | 2017

敦煌佛像 | 13.5cm×4cm | X3 | 2016

金大鹏藏书票

方丈（戒忍） | 9.5cm×8cm | X6 | 2017

挤奶女 | 9cm×11.5cm | X6 | 2018

高原一家 | 8cm×12cm | X6 | 2018

逛新城 | 11cm×6cm | X6 | 2018

读书美 | 10.5cm×9.5cm | X3 | 2019

读书魅 | 10.5cm×9.5cm | X3 | 2019

杨浦图书馆·主楼 | 11cm×8.5cm | X3-3 | 2019

杨浦图书馆·孔雀门 | 11cm×8.5cm | X3-2 | 2019

杨浦图书馆·蔡元培 | 11cm×8.5cm | X3-2 | 2019

杨浦图书馆·董大酉 | 11cm×8.5cm | X3-2 | 2019

德国前总统·武尔夫 | 7.5cm×9.5cm | X6 | 2017

美国前总统·奥巴马 | 9cm×11cm | X6 | 2017

澳大利亚前总理·陆克文 | 8cm×7.5cm | X6 | 2017

英国前首相·卡梅伦 | 7.5cm×10cm | X6 | 2017

法国前总理·拉法兰 | 7.5cm×10cm | X6 | 2017

好莱坞导演·巴里莫罗 | 10.5cm×8cm | X6 | 2017

诺贝尔奖获得者·屠呦呦 | 11cm×12cm | X6 | 2017

书法家·高式熊 | 10cm×10cm | X3 | 2018

纪念南怀瑾诞辰100周年 | 11cm×7cm | X6 | 2018

画家·陈佩秋 | 8cm×8cm | X6 | 2017

纪念曹大铁诞辰100周年 | 10cm×10cm | X3 | 2016

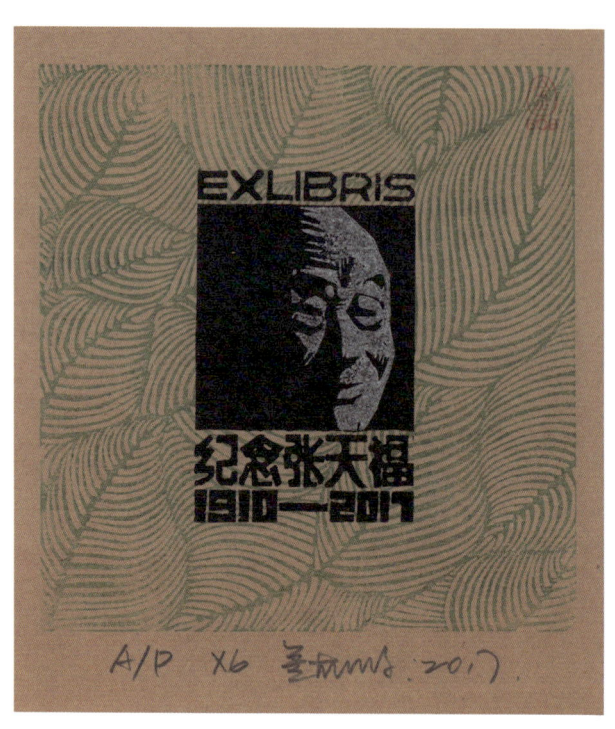

茶圣·张天福 | 10cm×10cm | X6 | 2017

画家·陈家泠 | 8cm×9cm | X3-2 | 2018

画家·樊德才 | 11cm×7.5cm | X3-2 | 2019

纪念张乐平 | 10cm×7.5cm | X3 | 2020

纪念柯灵 | 10cm×8cm | X3-2 | 2020

指挥家（曹鹏） | 12cm×12cm | X3-2 | 2020

读书与工具 | 10cm×10cm | X3 | 2018

金大鹏藏书票

海边度假 | 9cm×8cm | X3 | 2018

百年陆家嘴之一 | 12cm×9cm | X3-2 | 2020

百年陆家嘴之二 | 12cm×9cm | X3-2 | 2020

门神 | 14cm×4cm | X6 | 2017

母与子（弗兰克） | 8.5cm×7cm | X6 | 2017

狗年吉祥之一 | 9.5cm×9.5cm | ×6 | 2017

狗年吉祥之二 | 8.5cm×8.5cm | X6 | 2017

惠安女 | 12.5cm×6cm | X3 | 2015

年年有鱼（彼得·福特） | 9.5cm×12cm | X3-4 | 2019

爱抱抱活动 | 10.5cm×8cm | X3-5 | 2019

金大鹏藏书票

世界读书日之一 | 11cm×10cm | X3-2 | 2019

世界读书日之二 | 10.5cm×6.3cm | X3 | 2020

世界读书日之三（铁军） | 8.5cm×7.5cm | X3 | 2020

世界读书日之四（郭建） | 10cm×7.5cm | X3 | 2020

世界读书日之五（飞德） | 10cm×7cm | X3 | 2020

世界读书日之六（荫贵） | 11cm×8cm | X3 | 2020

世界读书日之七（马军） | 11cm×7.5cm | X3-2 | 2020

世界读书日之八（新生） | 10.5cm×8.5cm | X3-3 | 2020

金大鹏藏书票

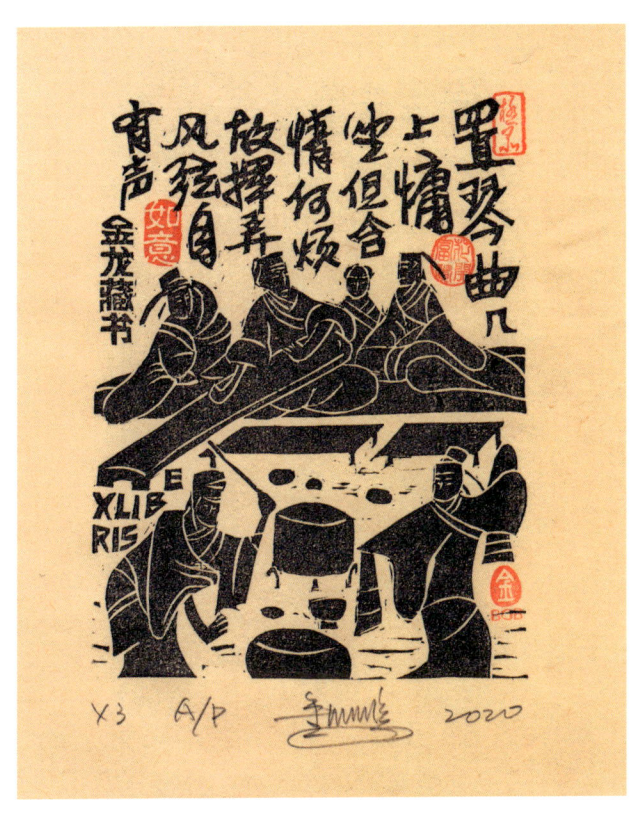

画像砖（金龙） | 10.5cm×8cm | X3 | 2020

邯郸学步 | 10.5cm×8.5cm | X3-3 | 2020

杞人忧天 | 11cm×7cm | X3 | 2020

东施效颦 | 11.5cm×7.3cm | X3 | 2020

刻舟求剑 | 12.5cm×6.5cm | X3 | 2020

亡羊补牢 | 11.5cm×7cm | X3 | 2020

半途而废 | 10cm×7cm | X3 | 2020

上海石库门（佐良） | 8.5cm×7cm | X3 | 2020

金石（徐兵） | 10cm×10cm | X3-2 | 2019

乔治·斯坦纳 | 8.5cm×10cm | X3 | 2020

工业机器（胡军） | 10cm×10cm | X6 | 2019

裸女 | 11cm×6cm | X3 | 2019

新疆舞（妮娜） | 10cm×8.5cm | X3-3 | 2018

水中鱼 | 8.5cm×10cm | CAD | 2018

蓝色地球（洪元） | 10cm×11cm | X6 | 2018

面具（朱莉莉） | 11cm×6.5cm | X6 | 2016

躯干 | 11cm×7.5cm | X6 | 2018

猫女 | X6 | 2017

书香雅仕（明辉） | 9.5cm×7.5cm | X3-2 | 2019

春江花月夜（韩晶） | 12cm×10cm | X1-4 | 2020

群山 | 12cm×10cm | X1-5 | 2018

上班路上 | 12cm×10cm | X1-5 | 2018

金大鹏藏书票